L'AMITIÉ FRANCO-ARMÉNIENNE

DISCOURS

prononcés par

MM. Archag Tchobanian, Boghos Nubar, Avétis Aharonian, Denys Cochin, Paul Fleurot, Emile Pignot

le 17 Juillet, au Banquet offert par les Arméniens de Paris à leurs Amis français en l'honneur de la Victoire.

PARIS
M. FLINIKOWSKI, EDITEUR
216, BOULEVARD RASPAIL
MCMXIX

L'AMITIÉ FRANCO-ARMÉNIENNE

DISCOURS

prononcés par

MM. Archag Tchobanian, Boghos Nubar, Avétis Aharonian, Denys Cochin, Paul Fleurot, Emile Pignot

le 17 Juillet, au Banquet offert par les Arméniens de Paris à leurs Amis français en l'honneur de la Victoire.

PARIS
M. FLINIKOWSKI, EDITEUR
216, BOULEVARD RASPAIL
MCMXIX

Banquet Franco-Arménien

Un banquet organisé par l'Union Intellectuelle Arménienne de Paris, le Conseil de l'Eglise Arménienne et le Comité de Paris de la Légion Arménienne, pour célébrer la victoire du Droit et de la Justice, a réuni, le soir du 17 Juillet, au Cercle Français de la Presse Etrangère, l'élite de la Colonie Arménienne ainsi qu'un grand nombre d'éminents Français, défenseurs de la cause arménienne.

Le Président de la République avait exprimé ses regrets de ne pouvoir répondre à l'invitation par suite d'engagements antérieurs. Le Président du Conseil, Ministre de la Guerre, s'était fait représenter par le Colonel Constantin et M. Deschanel, le Président de la Chambre, par M. Robert Simoutre.

Etaient présents MM. Denys Cochin, Ch. Guernier, député, Président du Comité France-Arménie, Paul Fleurot, vice-président du Conseil Municipal de Paris, Gustave Schlumberger, de l'Institut, Auguste Gauvain, Alfred Vallette, Camille Mauclair, Gabriel Mourey, Me Henri Coulon, Ludovic de Contenson, Gaston Deschamp, l'abbé Delarue, Fr. Macler, Paul Desfeuilles, Emile Pignot, etc...

Des discours ont été prononcés par M. A. Tchobanian, Président de l'Union Intellectuelle Arménienne de Paris,

S. E. Boghos Nubar Pacha, Président de la Délégation Nationale et M. A. Aharonian, Président de la Délégation de la République Arménienne, qui ont tour à tour glorifié la victoire libératrice de la France et de ses alliés et ont exprimé la reconnaissance des Arméniens au noble et glorieux peuple français, défenseur du Droit et de la Justice.

Ont répondu MM. Denys Cochin, Paul Fleurot et Emile Pignot, qui ont affirmé encore une fois la constante et profonde amitié de la France pour l'Arménie et ont assuré les Arméniens de la prochaine et entiere libération de leur vaillante patrie.

Plusieurs des invités français, absents, souffrants ou empêchés, (Monsieur le Président de la République M. Émile Doumergue, M. Georges Lecomte, le général de Lacroix, M. Robert de Caix, le général Malleterre, M. Paul Doumer, M. René Pinon, le général Bailloud, etc.), avaient envoyé des lettres d'excuse, exprimant léurs sympathies; nous en reproduisons trois.

Paris, le 17 juillet 1919.

Monsieur le Président,

En réponse à la lettre que vous lui avez adressée, M. le Président de la République me charge de vous exprimer ses très vifs regrets qu'il lui soit impossible de répondre au désir que vous avez bien voulu lui manifester en raison des engagements qu'il avait déjà dû prendre. Mais il me charge de vous transmettre en même temps ses sentiments de vive sympathie pour l'Union Intellectuelle Arménienne de Paris.

Veuillez agréer, Monsieur le Président, l'assurance de ma considération distinguée.

Le Secrétaire général civil
de la Présidence de la République
AD. PICHON

Montauban, le 13 juillet 1919.

Honoré et cher Monsieur,

Je suis vraiment très sensible à votre souvenir et à l'honneur que vous me faites de m'inviter à votre banquet du 17 juillet. Trop éloigné de vous par la distance, je tiens à vous dire que j'aurais été heureux de me trouver au milieu des Arméniens, qui m'ont toujours témoigné des sentiments si amicaux. Ils m'ont récompensé, au centuple, pour les infimes services que j'ai pu rendre à leur cause, une des causes où les intérêts de toute l'humanité sont les plus clairs et les plus dramatiques. C'est avec émotion que je lis les nouvelles que m'envoie le Bureau d'Informations. Et je partage, avec vous, les alternatives d'espoir et de crainte par lesquelles passe encore le patriotisme Arménien. Puisse enfin ce si long cauchemar se dissiper! Puisse l'Arménie, une et indivisible, à travers tant de sang et tant de larmes, à travers la mer « Rouge » à la lettre, atteindre enfin la terre promise de la paix dans l'indépendance.

Croyez, je vous prie, honoré Monsieur, à mes sentiments bien distingués.

E. DOUMERGUE
Doyen de la Faculté de théologie
protestante de Mautauban.

Paris, le 15 juillet 1919.

Mon cher et éminent confrère,

Je me proposais de répondre par une acceptation empressée à votre aimable invitation pour le diner du 17 juillet. C'est en effet avec plaisir que je m'y serais rendu.

Mais je viens d'être malade. Je suis encore très souffrant. Et, sur un réveil tout récent du mal, le médecin m'a ordonné un régime très sévère, dont le premier article est, pour quelques semaines, de ne pas sortir de chez moi le soir.

Vous connaissez mes sentiments pour votre nőble pays, dont j'espère la résurrection et le bonheur dans sa pleine liberté. Vous savez donc que je suis de tout cœur avec vous et que, à distance, je prendrai part à cette fête de l'espérance.

Veuillez agréer, mon cher confrère, l'expression de mes sentiments les meilleurs et les plus sympathiquement dévoués.

Georges LECOMTE
Président de la Société des gens de lettres.

Discours de M. Archag Tchobanian

Président de l'Union Intellectuelle arménienne de Paris

Messieurs,

Toute notre nation fête en ce moment la Victoire de la France qui est la Victoire du Droit. Tout à l'heure S. E. Boghos Nubar Pacha, Président de la Délégation nationale arménienne, et M. Aharonian, Président de la Délégation de la République de l'Arménie transcaucasienne, vous apporteront l'hommage officiel de notre nation. Nous, Arméniens résidant à Paris depuis de longues années et qui avons vécu avec nos amis français la prodigieuse épopée qui vient d'être couronnée par cette victoire, nous avions un devoir tout particulier de prendre cette initiative de réunir les représentants de notre colonie et les grands amis français de notre cause, pour exprimer encore une fois solennellement notre affection, notre admiration, notre gratitude pour la noble et l'héroïque France, et notre joie immense de la voir victorieuse. *(Applaudissements).*

Ce sera l'éternel honneur de notre existence, à nous Arméniens demeurant en France, d'avoir éprouvé avec vous les émotions sublimes des grandes heures de cette guerre effroyable, d'avoir a sisté de si près à la vaillance, à la ténacité, à l'ardeur inextinguible, à l'enthousiasme épique de l'âme française. Vos douleurs, vos angoisses, aux jours sombres, nous les partagions de tout cœur ;

nous les avons comprises plus profondément peut-être qu'aucun peuple étranger, car il y a eu, au cours de cette crise mondiale, une grande similitude entre ce qui s'est passé ici et ce qui s'est passé chez nous ; si vos villes du Nord furent odieusement dévastées par l'Allemagne, toute notre Patrie a été ravagée par les Turcs ; vos frères et vos sœurs ont connu l'horreur de la déportation que les nôtres ont subie dans des proportions épouvantables. Nous avons aussi partagé, intensément, votre foi en la victoire finale. C'est une fierté pour nous que notre peuple tout entier, partout, au fond de l'Arménie comme dans nos Colonies éparses aux quatre coins du monde, ait eu cette foi dès la première heure et qu'il l'ait gardée intacte à travers les plus mauvais jours jusqu'à la fin. Vous comprenez donc combien forte fut notre joie lorsque le sinistre militarisme allemand s'effondra, et combien elle déborde en ces jours où la consécration définitive de la Victoire fait vibrer Paris d'un frisson formidable de noble allégresse. (*Applaudissements*).

Nous fêtons la plus belle victoire que l'Histoire ait jamais enregistrée, puisque la Tyrannie n'a jamais connu une défaite aussi vaste, aussi profonde, aussi radicale. On doit cette victoire à toute une pléiade de nobles nations, inégales par le nombre et la puissance, mais toutes également animées de la même volonté de faire triompher le Droit et qui se liguèrent pour combattre le despotisme. Toutes ont été magnifiques d'abnégation et d'héroïsme, mais le sacrifice et l'héroïsme de la France furent certes les plus grands dans cette lutte suprême. C'est elle qui supporta la plus grosse charge et eut la part la plus dure de la lutte commune contre le redoutable ennemi ; elle fut le centre de la bataille ; elle qui était déjà si chère à l'humanité, est devenue maintenant doublement chère et sacrée pour toutes les nations. (*Applaudissements*).

La victoire que nous fêtons, est bien celle du Droit.

Nul ne peut prétendre que le Mal soit déjà entièremen terrassé sur la terre, que le Droit règne déjà d'une façon parfaite ; mais, il est bien sûr que ceux qui prêchèrent : « La Force fait le Droit » ont été vaincus par ceux qui professaient : « Le Droit prime la Force ». (*Applaudissements*).

La France qui, depuis si longtemps, est l'apôtre, le porte-drapeau de cette noble cause de la prééminence du Droit, a vaincu le champion de la Force brutale. C'est donc aussi la victoire de l'esprit français, de cet esprit d'humanité et de justice, que nous fêtons ce soir; c'est la victoire de la plus charmante, de la plus parfaite, de la plus généreuse des cultures ; c'est la victoire de l'Esprit qui a donné au monde Rabelais et Montaigne, Ronsard et Racine, Corneille et Hugo ; c'est la victoire de ce qu'il y a de plus fin et de plus délicieux au monde, de la mesure, du tact, de la grâce, la victoire de Watteau et de Verlaine; c'est la victoire de la noblesse, de la générosité, de l'harmonie, de la tolérance, en un mot, de l'amour du Beau et du Juste ; c'est bien la victoire de tout ce que l'Humanité a de plus précieux que nous fêtons ce soir, nous autres Arméniens, qui sommes les fils d'une vieille nation qui, elle-même a eu, de tout temps, le culte de la Patrie, de la Liberté et de la Beauté, et qui à l'époque contemporaine a pris pour guide principal de son mouvement intellectuel la culture française. (*Applaudissements*).

Cette victoire est celle de l'esprit chevaleresque, de la magnanime tradition, éminemment française, de l'aide qu'on doit accorder aux opprimés. Notre peuple a une dette de gratitude envers la France. Les grands citoyens de ce pays ont soutenu notre peuple et notre cause depuis plus d'un quart de siècle que le drame arméno-turc ensanglante l'Orient. Puis-je ne point évoquer ici ce soir au moins les noms des grands Arménophiles Français qui ne sont plus ? Puis-je ne point nommer Albert de Mun, Jaurès, Anatole Leroy-Beaulieu, Albert Vandal, Rochefort ?

Puis-je ne point nommer Pierre Quillard (*Applaudissements*), cet homme charmant, tout illuminé d'idéalisme, qui se donna tout entier à la cause arménienne, parce que là-bas à Constantinople, professeur dans un lycée arménien, il avait vu de près ce peuple, il savait quel était cet élément qu'on faisait souffrir, qu'on voulait annihiler ; il avait connu aussi les Turcs, et pendant plusieurs années, ce Français modèle se dévoua magnifiquement à notre cause. A cette époque, tout au début, quand Abdul-Hamid ordonna les massacres, il y avait un double mérite à défendre la cause arménienne; cette cause etait impopulaire : les événements étaient défigurés par des publi cations qui tendaient à étouffer la vérité; nous avons eu pourtant l'honneur de trouver, dès la première heure, de grands Français clairvoyants qui ont discerné la Vérité à travers le mensonge et qui, résolûment, ont pris la défense de notre cause. Parmi eux, nous devons citer tout d'abord M. Clemenceau qui fut un des premiers apôtres de notre cause; un autre de nos amis de la première heure, est M. Denys Cochin (*Applaudissements*), qui nous honore ce soir de sa présence. Depuis les jours anciens où, à la tribune de la Chambre, à côté de Jaurès et d'Albert de Mun, il demandait justice pour notre peuple, réclamait le châtiment des bourreaux, jusqu'à son magnifique article d'il y a deux jours dans le *Figaro*, nous avons toujours trouvé en Denys Cochin un cordial et chaleureux défenseur de notre cause; notre reconnaissance pour lui est très grande. (*Applaudissements prolongés*).

Messieurs, j'aurais désiré rendre cet hommage à tous les Français qui ont défendu notre cause, particulièrement à ceux qui sont ce soir ici présents; mais il me faudrait une heure au moins. Nous avons cette bonne fortune d'avoir un très grand nombre d'amis, dans tous les partis, et tous appartenant à l'élite, à la fleur de la nation française. Je les remercie tous au nom des Arméniens. (*Applaudissements*).

Notre peuple a su exprimer sa gratitude d'une autre manière que par ces quelques simples paroles prononcées ce soir; il a su l'exprimer d'une manière plus vivante. Dès que cette guerre a éclaté, de nombreux Arméniens, non seulement ceux qui vivaient en France et avaient le devoir strict de prendre part à la guerre, mais des Arméniens d'Egypte, de Constantinople, d'Arménie se sont enrôlés pour avoir l'honneur de prendre part à la défense du sol de la France. Ils étaient 8 à 900 peut-être; ils se sont distingués par leur bravoure, et la plus grande partie sont morts au champ d'honneur. D'autres ont servi la cause de la Liberté et la cause de l'Arménie dans l'armée du Caucase; ils étaient là des dizaines de milliers, qui ont joué un rôle important dans la lutte contre le Turc, et lorsque les Russes se sont retirés du Caucase, ce front a été conservé pendant plusieurs mois par les seules troupes arméniennes qui ont ralenti l'avance turque, l'ont rendue pénible et qui, de ce fait, ont servi les intérêts de l'Entente et ont particulièrement secondé les troupes anglaises de Mésopotamie. D'autres Arméniens sont accourus quand la France nous a demandé des volontaires pour la légion d'Orient; plusieurs milliers ont considéré comme un bonheur de se battre sous le drapeau français pour la Libération de l'Arménie et pour le triomphe de la Liberté et du Droit. La race arménienne a eu cette attitude, pour consacrer encore une fois, par un effort héroïque, son droit à la Libération, droit acquis depuis déjà longtemps par un noble et douloureux martyre et par une séculaire et tenace lutte, et en même temps la race arménienne a fait cela parce qu'elle désirait être, dans cette grande guerre, aux côtés de la France, qui présidait la lutte.

Aujourd'hui, l'Allemagne est vaincue et la Turquie est moribonde. L'Arménie attend. Notre joie est certes un peu ternie par l'angoisse des nouvelles qui nous parviennent des régions arméniennes qui sont encore entre les mains des Turcs ; ceux-ci, d'après les plus récentes informations, préparent même une attaque contre la République de l'Arménie transcaucasienne qui s'est formée par l'effort arménien ; mais nous avons la certitude que les mesures nécessaires seront prises bientôt pour occuper tous les territoires arméniens et pour restaurer le libre Etat de l'Arménie intégrale. La résurrection de l'Arménie ne peut qu'être une des conséquences naturelles, et l'une des plus belles, de la victoire française.

Je lève mon verre à l'âme généreuse de la France, à sa pure et libératrice victoire, au rayonnement éternel de son génie bienfaisant. (*Applaudissements prolongés*).

Discours de S. E. Boghos Nubar

Président de la Délégation Nationale Arménienne

Messieurs,

La Délégation Nationale s'associe de tout cœur à l'hommage rendu à la France en cette réunion, dont la Colonie Arménienne de Paris a pris l'initiative.

Bien que les sentiments d'admiration et de gratitude dont tous les Arméniens sont pénétrés envers votre noble pays soient bien connus, laissez-moi vous dire que nous sommes heureux de saisir toutes occasions de les manifester et de les affirmer plus chaleureusement chaque fois. Il n'en est pas de plus belle que la glorieuse et inoubliable journée que nous venons de vivre et dont les échos de joie et d'enthousiasme retentissent encore à nos oreilles. Spectacle merveilleux dont la vision est ineffaçable, apothéose des armées alliées victorieuses. Dans le triomphal défilé, les hommages du monde entier s'adressaient surtout aux soldats de la France qui, par trois fois, en de gigantesques batailles, les plus grandes de l'Histoire, ont sauvé la liberté du monde, à la Marne, à Verdun, et à la Marne encore.

En acclamant ces héros, nos pensées allaient aussi, avec une juste fierté, à nos volontaires arméniens qui ont combattu à leurs côtés et qui, entraînés par leur héroïsme, ont avec eux versé leur sang pour la libération des peuples opprimés et la délivrance de notre nation martyre.

Ce n'est pas d'ailleurs la première fois que notre sang

s'est mêlé sur les champs de bataille. Déjà au temps des Croisades, les armées de nos rois d'Arménie ont combattu aux côtés des Français, sur le sol même où, hier encore, nos volontaires de la Légion Arménienne ont pris une part glorieuse, sous le drapeau français, à la victoire décisive qui, par l'écrasement de l'armée ennemie, a mis fin à la guerre avec la Turquie.

Depuis les Croisades, la France fut notre amie et notre protectrice ; et depuis lors jusqu'à nos jours, les Arméniens ont toujours eu leurs regards tournés vers la grande nation, foyer de liberté.

Pénétrés de la culture française, admirateurs de sa belle langue, merveilleux véhicule des grands et généreux principes à travers le monde, les Arméniens, en poursuivant leur idéal, comptent toujours sur le concours de la France pour la reconstitution de leur vie nationale indépendante.

Dans un bel article sur l'Arménie, qu'il a publié dimanche dans le *Figaro*, M. Denys Cochin, dont je salue la présence parmi nous ce soir, parlant du mandat qui sera confié à l'une des Puissances par la Société des Nations, et envisageant l'éventualité de deux mandats, dont l'un pour la Cilicie et l'autre pour les provinces du Nord, conclut ainsi :

« Le Mandat peut-il être divisé et donné à une autre Puissance ? Non assurément, pas plus que la nouvelle nation ne doit être partagée en une grande et une petite Arménie. »

Tel est aussi notre vœu le plus cher ; telle est la solution conforme au droit des peuples. Et je remercie l'illustre ami et généreux défenseur de notre nation d'avoir si bien dit ce qui nous tient le plus au cœur, ce qui constitue le point essentiel de notre programme national.

Ce que nous demandons, en effet, c'est que notre nation libérée ne soit pas partagée en deux et qu'elle retrouve enfin son unité, qu'un million d'Arméniens ont payée de leur sang, en France, en Palestine et en Arménie. Pour cela les appuis ne nous manqueront pas en ce généreux pays de France, d'où les grandes voix des Pressensé, Jaurès, Anatole France, Denys Cochin et Clemenceau se sont élevées pour faire appel à l'Humanité en faveur de l'Arménie, aux jours les plus sombres de son histoire. Ces appels seront entendus, et nous avons la ferme confiance que la France, dont l'action traditionnelle s'est toujours exercée en faveur des nationalités opprimées, voudra donner son puissant appui à la cause de l'Arménie, pour assurer son évolution vers une civilisation pacifique.

Messieurs, j'aurais voulu finir ici; mais je ne puis me dispenser, quoiqu'il m'en coûte, (et vous me le pardonnerez, j'en suis sûr), de vous dire un mot des inquiétudes qui nous troublent en ce moment même. De récentes nouvelles nous annoncent que nos compatriotes courent encore de grands dangers. Les Turcs n'ont pas renoncé à leur projet d'exterminer notre race; une effervescence nous est signalée un peu partout et, en violation de l'Armistice, une véritable campagne militaire s'organise, sous les ordres de généraux Jeunes-Turcs, pour dévaster les provinces arméniennes et tenter d'envahir la République Arménienne du Caucase.

Cette situation, que nous avons signalée aux Gouvernements Alliés, exige des mesures aussi promptes qu'énergiques, et ne peut être améliorée, en attendant la désignation de la Puissance Mandataire, que par l'occupation des provinces arméniennes par quelques forces alliées; cette occupation permettrait seule aussi le retour dans leurs foyers des malheureux déportés, qui depuis cinq ans bientôt, endurent tous les maux les plus effroyables et sont décimés par la famine.

Nous voulons espérer que nos amis français, réunis ici aujourd'hui, voudront bien nous aider à obtenir que des mesures soient prises pour conjurer les dangers menaçant nos frères, et hâter leur rapatriement.

Discours de M. Avétis Aharonian

Président de la Délégation de la République arménienne

Messieurs,

Je dois m'excuser d'abord d'avoir la hardiesse de prendre la parole en cette admirable langue française, dont le charme mystérieux m'enthousiasme, mais dont les finesses me sont malheureusement inconnues.

Je prendrai quand même la parole, car ce que j'ai à dire vient d'un cœur sincère et sera compris par tous les Français. D'ailleurs, ce n'est pas la première fois que je m'adresse à ce noble pays. Il y a vingt ans déjà, alors que notre pays traversait une des plus douloureuses périodes de son histoire par suite des grands massacres du Sultan Rouge; à cette époque, je le répète, quand notre peuple était décimé par la barbarie turque, mes amis et moi, tous des jeunes gens, exaspérés par l'indifférence des grandes puissances, et le cœur gonflé d'amertume, nous avions pris la résolution d'aller plaider notre cause devant l'humanité civilisée.

Nous sommes venus tout d'abord frapper à la porte de la France. Depuis, chaque fois qu'il y eut une injustice à réparer, une menace sanglante à écarter, un complot infernal contre l'existence de notre peuple à déjouer, chaque fois qu'il y eut des cœurs à soulager, des espoirs à encourager, nous pensions toujours à notre chère

France, et il faut le dire hautement, jamais nos espoirs n'ont été déçus.

C'était en 1899; pour la première fois, je montais les escaliers du Journal l'AURORE et je me suis trouvé face à face avec un jeune homme au visage ouvert, aux yeux clairs et francs, avec un sourire presque infini, et de tout cet ensemble se dégageait je ne sais quelle sublime beauté, quelle profonde douceur. On me l'avait déjà dépeint : c'était Pierre Quillard, le champion de la cause arménienne qui, sans un instant de défaillance, apporta au service de notre cause toute son énergie, toute sa vigueur de poète et d'humaniste, jusqu'au jour fatal où une mort prématurée nous l'enleva. Oui, Pierre Quillard, c'était bien la France, et ce ne fut pas une vaine démonstration quand, lors de ses funérailles, les jeunes gens arméniens de Paris portèrent, selon la coutume de leur pays, son cercueil sur leurs épaules en gage de sublime reconnaissance à leur cher défunt.

Pierre Quillard n'était pas seul; parmi les grands Français, le nombre de nos amis allait toujours croissant. C'est la première fois que je me trouve en présence de l'illustre Denys Cochin, mais je puis le dire, son nom nous était déjà connu ainsi que son activité inlassable pour l'Arménie (*Applaudissements*). Il appartient à cette pléiade de la haute culture française qui a honoré l'Arménie de sa sympathie active, sans parler des champions de la justice et de l'humanité, tels que Clemenceau, Jaurès, Victor Bérard, le Comte de Mun, Francis de Pressensé, et tant d'autres, sans distinction d'opinion, de parti, de convictions, en un mot, c'est toute la France avec nous et toujours.

Il faut le dire hautement, si la question arménienne, malgré tant de difficultés créées par les diplomates et par l'habileté des Turcs, est restée quand même une question d'actualité pour les esprits nobles et éclairés d'Occident, si notre cause est restée comme un fantôme en face de l'humanité, cette œuvre de justice que nous appelons aujourd'hui la renaissance de l'Indépendance de l'Arménie, et qui est demeurée comme un feu vivant entretenu dans l'âtre de l'humanité, c'est grâce à cet admirable foyer de générosité qui s'appelle la France (*Applaudissements*).

Nous avons bien travaillé avec nos amis français; le peuple arménien, dans les jours les plus sombres, quand son existence même était en cause, a toujours tourné ses regards et ses pensées, avec une tendresse filiale, vers cette France, qui a su toujours être la patrie de tous ceux qui souffrent dans les pays les plus lointains.

De notre reconnaissance, voici un exemple : C'était en 1916, alors que l'ennemi frappait de toute sa puissante force contre les remparts et que la forteresse à jamais illustre de Verdun opposait une résistance dont les échos retentissaient dans le monde entier. Un jour, dans mon pays, j'entre dans la petite boutique d'un Arménien pour acheter quelques fruits; mon compatriote, un simple paysan de nos montagnes de Karabagh, tout en me servant, demande avec anxiété : « Dites-moi, Monsieur, la forteresse de Verdun tiendra-t-elle? » Emu et agréablement surpris par cette question inattendue, je lui réponds : « Comment, la forteresse de Verdun, vous la connaissez donc, mon ami? ». — « Mais bien sûr, qui ne la connaît pas? Mais dites-moi, Monsieur, tiendra-t-elle? » — « La forteresse de Verdun, c'est comme nos montagnes de Karabagh », lui répondis-je, « et nos amis français sont aussi courageux que nos montagnards. Soyons donc sûr, mon ami, qu'elle résistera toujours ».

Voilà la réponse de l'Arménie fidèle à la France. Les Arméniens pensaient à la forteresse de Verdun et croyaient à la victoire de la France comme à celle de leur patrie (*Applaudissements*). Ces sentiments se sont manifestés d'une façon héroïque pendant cette guerre, je dirai même dans des conditions particulièrement tragiques. Les

Arméniens, sans un moment d'hésitation, se sont prononcés avec enthousiasme pour la cause des Alliés, et l'élément arménien au Caucase, durant ses luttes contre les ennemis des alliés, a eu son épopée : c'est de cette lutte que naquit la jeune République arménienne que j'ai l'honneur de représenter à Paris.

Pendant ces luttes, il arriva un moment où nous nous sommes trouvés face à face avec notre ennemi séculaire, le Turc. Malgré la défection de l'armée russe qui nous abandonna en pleine lutte, malgré l'avance des divisions turques, notre résolution suprême à la résistance n'en fut pas moins inébranlable, car nous étions convaincus de la victoire de la France et de ses Alliés. Et le jour où le Commandant en chef turc lança son fameux ultimatum, nous disant : « Vous ne pouvez lutter contre nous, vous êtes seuls, abandonnés, les alliés sont battus, vous n'avez plus qu'à accepter le traité de Brest-Litovsk et en finir », ce jour-là, le Conseil National arménien, que j'avais l'honneur de présider et qui avait été transféré de Tiflis à proximité du front pour être plus libre dans ses délibérations, le Conseil, dis-je, inspiré par les défenseurs de la Patrie, répondit : « Nous refusons vos conditions et nous acceptons la lutte » (*Applaudissements*). La lutte commença, une série de batailles acharnées ensanglantèrent nos vallées et nos plaines. La campagne fut dure pour les Turcs, nous leur avons disputé pas à pas chaque parcelle de notre patrie, sacrifiant des milliers de nos jeunes gens. Certes, cet élan spontané, ce courage téméraire, toute cette abnégation sublime de la nation arménienne, sont fort peu de chose en comparaison de ce qu'a fait l'héroïque France sur les champs de bataille, prodiges d'héroïsme légendaire qui émerveillèrent l'univers entier. Mais nous avons la conscience sereine d'avoir fait aussi notre devoir. La résistance âpre que nous avons opposée était inspirée par la confiance inébranlable en la victoire finale que la France vient de fêter admirablement (*Applaudissements*). Il ne pourrait d'ailleurs en être autrement; cela aurait été contre la logique, contre les lois suprêmes qui dirigent la destinée de l'histoire des peuples, contre la justice sublime qui domine quand même la marche des événements de l'Univers.

C'est pourquoi aujourd'hui, avec la France et ses Alliés, nous sommes ici pour fêter cette victoire de la justice qui est aussi la nôtre à nous Arméniens. Elle est aussi notre victoire, puisque nous avons souffert plus que n'importe quelle autre nation; nous avons offert en holocauste sur l'autel du Dieu de la Victoire plus d'un million de victimes.

Voici le jour du règlement des comptes, nos amertumes sont à jamais chassées de nos cœurs. Nous ne sommes plus seuls ni abandonnés à notre ennemi séculaire; la France et ses alliés sont avec nous. Nous avons foi en leur justice pour nous aider à conquérir définitivement notre liberté et notre indépendance si chèrement gagnées sur les champs de bataille.

Vivent la France et ses Alliées.

Nous espérons pouvoir dire dans quelques jours : Vive l'Etat Indépendant de l'Arménie Intégrale. (*Applaudissements*). »

Discours de M. Paul Fleurot

Vice-Président du Conseil Municipal de Paris

Tout d'abord, je suis chargé de vous apporter les excuses de mon ami, M. Painlevé, ancien Président du Conseil des Ministres qui, vous le savez, est aussi un ami de l'Arménie. (*Applaudissements*).

M. Painlevé, retenu par un engagement antérieur, m'a déclaré tout à l'heure qu'il ferait l'impossible pour venir au milieu de vous; s'il arrive trop tard, il le regrettera, j'en suis convaincu. En tous cas, soyez persuadés que ce soir il est de cœur avec les Arméniens. (*Applaudissements*).

Je vous présente également mes excuses personnelles pour être arrivé tard au milieu de vous, mais j'avais téléphoné à M. Tchobanian que je viendrais, quoiqu'il arrive. Je ne suis pas venu seulement comme Vice-Président du Conseil Municipal de Paris ; je suis venu surtout comme ami de l'Arménie et des Arméniens. (*Applaudissements*).

Il n'est peut-être pas une nation dont le nom ait fait battre nos cœurs autant que celui de l'Arménie. Je débutais dans la vie, j'arrivais à Paris du fond de ma province, il y a déjà longtemps, alors que de tous côtés on protestait contre les massacres d'Arménie, et je me souviens — ce sont des souvenirs qui restent ineffaçables — avoir applaudi, à la fois, sur la même estrade réunis, des hommes qui venaient de tous les points de l'horizon politique, des hommes qui avaient tous dans la poitrine un cœur généreux, car il y a des cœurs généreux dans tous les partis politiques. J'ai pu applaudir ainsi Jaurès, Denys Cochin, Pressensé, Pelletan, et de mes années de jeunesse qui s'éloignent de plus en plus, ce souvenir est resté vivace et inoubliable. Aussi, j'ai toujours été de ceux qui ont suivi avec intérêt l'évolution de la question arménienne. Messieurs, c'est l'honneur de notre pays, c'est la gloire de la France que, chaque fois qu'il y a quelque part des peuples opprimés, c'est toujours vers elle qu'ils regardent pour espérer la délivrance. Tout à l'heure, M. Aharonian rappelait cette parole que l'Arménie malheureuse aurait pu répéter après la Pologne opprimée : « Dieu est trop haut, la France est trop loin » ! Oui, Messieurs, c'est l'honneur de la France, depuis qu'elle a proclamé les Droits de l'Homme et du Citoyen, ce sera son honneur éternel que chaque fois qu'une iniquité est commise dans le Monde, les esclaves, les opprimés, les victimes tournent les yeux vers son drapeau. (*Applaudissements*).

Plus tard, non seulement j'ai mieux connu l'Arménie, l'histoire de l'Arménie, mais j'ai connu des Arméniens, et j'ai appris à les apprécier. Au cours de cette guerre notamment, où j'ai passé deux années à l'armée d'Orient, j'ai pu faire la connaissance de la colonie arménienne de Salonique qui est assez importante ; j'ai connu des Arméniens à Athènes, en Vieille Grèce, en Macédoine, et j'ai pu apprécier ces hommes qui souvent avaient été calomniés. J'ai appris qu'il ne me fallait plus croire à la légende du mouton arménien tendant la gorge au couteau du boucher ottoman, mais qu'il fallait, au contraire, considérer un peuple vigoureux qui n'hésitait pas à résister, comme le rappelait tout à l'heure le Président de la République arménienne du Caucase; un peuple qui savait s'armer pour lutter contre l'oppresseur (*Applaudissements*), et ma sympathie n'a fait que grandir pour l'Arménie et les Arméniens. Bientôt, nous applaudirons à la résurrection de la nation arménienne. Ce sera la caractéristique de cette guerre mondiale qu'elle aura fait sortir du néant des nations qui se croyaient, ou qu'on croyait plutôt ensevelies à jamais; c'est la Pologne qui sort du tombeau après plusieurs siècles, c'est la Bohême qui ressuscite, c'est l'Arménie qui va bientôt devenir une nation florissante. (*Applaudissements*).

Il ne faut pas, Messieurs, que le sang qui a été versé ait été versé en vain. L'Arménie, plus que toute autre nation, a souffert. Vous savez comme moi, vous connaissez mieux que moi, le martyrologe du peuple arménien; vous savez qu'on ne compte plus les cadavres qui parsèment les routes de l'Arménie, qu'on ne pourrait pas dénombrer les femmes violées, les maisons incendiées, les enfants martyrisés : l'Arménie a perdu plus d'un million de ses habitants. Il ne faut pas que ces sacrifices soient inutiles. L'occasion est unique! De même que de cette guerre sortiront la nation polonaise, la nation tchécoslovaque, il faut que de cette guerre sorte aussi la nation arménienne. (*Applaudissements*). Il faut que, bientôt, nous puissions là-bas, sur les rives du Tigre et de l'Euphrate, près des neiges éternelles du mont Ararat, reconnaître une nation fertile, prospère, qui réparera les années perdues et qui marchera à pas de géant dans la voie du Progrès. (*Applaudissements*).

Récemment, j'ai cru de mon devoir, Messieurs, de traduire ma sympathie pour l'Arménie, par une manifestation qu'un certain nombre d'entre vous connaissent. A une des dernières séances du Conseil Municipal de Paris, j'ai rappelé à mes collègues quel avait été le martyrologe de l'Arménie, et je leur ai demandé de vouloir bien, en témoignage de sympathie, déclarer que le nom de l'Arménie serait donné à une rue de Paris. (*Applaudissements prolongés*). Cette proposition a été adoptée. Pour l'application, elle est renvoyée à la commission compétente, mais le principe a été adopté à l'unanimité. (*Applaudissements*),

C'est vous dire, Messieurs, de quelle sympathie jouit l'Arménie auprès des représentants de la Ville de Paris; il ne saurait en être autrement, et j'ai la conviction que le jour n'est pas trop éloigné où nous irons vous rendre visite dans votre capitale arménienne. Soyez persuadés que toujours la France sera la grande sœur de l'Arménie, et cette grande sœur n'hésitera jamais à prouver sa sympathie à sa sœur plus jeune, mais qui n'en sera pas moins aimée, qui sera d'autant plus aimée qu'elle aura plus souffert. (*Applaudissements prolongés*).

Permettez-moi, au nom de Paris, et en mon nom personnel, de lever mon verre à la nation arménienne, à ses distingués représentants réunis dans cette enceinte, de lever mon verre au triomphe de la Justice qui doit consacrer définitivement l'avenir de l'Arménie. (*Applaudissements prolongés*). »

Discours de M. Denys Cochin

Membre de l'Académie française, député, ancien ministre

Messieurs,

Son Excellence Boghos Nubar Pacha et mon vieil ami Archag Tchobanian veulent que je vous adresse quelques paroles. En vérité, je suis embarrassé pour parler devant eux; quand il s'agit de l'Arménie, je suis un orateur qu n'a qu'une note, qui n'a qu'une parole, qui dit toujours, depuis vingt-cinq ans, la même chose.

UNE VOIX. — Et qui ne se répète jamais.

M. DENYS COCHIN. — Lorsqu'on avance en âge, cette façon de se répéter, de se redire, a quelque chose d'inquiétant. (*Rires*). Je répondrai cependant que j'ai commencé il y a si longtemps qu'on ne peut pas adresser ce reproche à la fatigue de l'âge (*Rires*) ; et puis, j'oserai ajouter que dire toujours la même chose chez les hommes politiques n'est pas un défaut absolument vulgaire. (*Rires et applaudissements*).

Je me suis rappelé l'exemple d'un vieux radoteur resté célèbre depuis l'antiquité et qui n'avait, lui aussi, qu'un mot: « Delenda Carthago ». Il s'appelait Caton l'Ancien. J'ai imité cet orateur depuis que j'ai connu les crimes de l'empire turc. On m'a dit : « Vous vous trompez; il y a là, comme partout, grâce à Dieu et à l'Humanité, de très braves gens ». Je n'en doute pas un instant; mais il y a aussi un regime sans espoir. Autrefois, en 1856, après le traité de Paris, on avait cru faire entrer l'empire turc au rang des puissances civilisées. Quatre ans après, les massacres de Damas et du Liban, sous le règne d'Abdul-Medjid, massacres de 14.000 personnes, avaient prouvé que la barbarie régnait encore. La barbarie a été en progrès entre Abdul-Medjid et Abdul-Hamid. Le massacre de 14.000 personnes était bien modéré à côté de ceux qui ont été commis, il y a vingt-deux ans. Depuis lors est survenue une révolution; on nous a parlé d'un régime nouveau qui effacerait toutes ces anciennes hontes. Révolution mensongère! Elle s'était produite depuis quelques années à peine, quand l'Union et le Progrès exécutèrent à Adana 30.000 victimes de plus. La parole de Caton, orateur monotone, m'est toujours revenue en esprit.

Votre cause, on a bien voulu me remercier de l'avoir défendue, et, en vérité, c'est un remerciement que je ne mérite pas. Quel mérite y a-t-il à défendre une cause dont la justice est aussi évidente, et dont l'intérêt séduit les esprits qui appartiennent à tous les partis? Oui, nous avons défendu la cause de l'Arménie, Albert Vandal, Albert de Mun et moi à la Chambre des Députés, mais nous le faisions en complet accord avec Jean Jaurès, avec Francis de Pressensé. Un voyageur qui me tient de près (car, c'est mon frère), visitant, dans une île des lagunes de Venise, un antique monastère, fut reçu par un vieux moine mechitariste, auquel il dit son nom, et le vieux moine lui répondit : « Tous les jours, nous avons trois objets pour nos prières, trois noms que nous recommandons au Ciel : c'est Denys Cochin (il parlait à mon frère), c'est Jean Jaurès et c'est Francis de Pressensé. » (*Rires et applaudissements*).

Messieurs, parmi les défenseurs de l'Arménie, on citait un autre nom tout à l'heure et on avait bien raison ; il a été un des plus anciens et des plus fidèles : c'est Georges Clemenceau (*Applaudissements*).

En 1918, son énergie a poussé, a achevé, a gagné la guerre; en 1919, le service n'a pas été moindre, quand son implacable et intelligente persévérance, à travers une quantité de difficultés diplomatiques et politiques, aura fait aboutir enfin le Traité de Paix! Ces deux raisons m'inspirent envers lui une admiration reconnaissante. Quand je le déclare, on peut m'en croire et ne point m'accuser de vile flatterie; j'ai une preuve de ma sincérité qui vaut mieux que toutes les autres : je l'ai combattu toute ma vie! (*Rires et applaudissements*).

Messieurs, en entendant tout à l'heure les orateurs arméniens qui parlaient avec tant d'éloquence, tant de finesse, tant de délicatesse, des charmes de notre culture française, je pensais qu'ils en étaient eux-mêmes de bien bons exemples et qu'il était inutile que les orateurs français parlassent après les orateurs arméniens; mais enfin, ils peuvent s'exalter ensemble en faveur des mêmes causes généreuses pour lesquelles leurs cœurs, aux uns et aux autres, ont toujours battu. (*Applaudissements*).

Nous sommes convaincus que la victoire de la France vous est chère, parce que ce n'est pas une victoire égoïste. Nous avons repris notre bien, nous avons reconquis nos provinces, nous le devions et elles nous étaient dûes; mais c'est une joie pour nous, une joie capable de nous faire dans une certaine mesure oublier nos douleurs et le prix si lourd que nous coûte cette victoire, c'est une joie de penser que notre succès n'est pas remporté seulement pour nous, mais que, de toute cette tempête qui a secoué l'Europe, émergent, comme d'anciens navires qui remontent à la surface, des peuples, des nations qui avaient été oubliés et qui revoient le jour et la liberté. La victoire française a été une victoire pour l'Arménie, pour la Pologne, elle aura été une victoire aussi pour la Syrie, ces anciennes nations, qui, à l'appel de nos chants de triomphe, vont se réveiller et renaître à la vie. Douce et consolante pensée, et complément de notre joie qui sans elle, je vous assure, ne serait pas complète. Il faut que la victoire de la France soit une victoire du monde. Lorsque je vous entendais parler, Messieurs, j'avais cette conviction, et je vous en remercie. C'est donc de tout cœur qu'après vous avoir entendus avec le sentiment de Français joint à vos sentiments d'Arméniens qui me paraissent si semblables, je lève mon verre à la santé de la vie nouvelle, vivante, prospère, de la République arménienne. (*Applaudissements prolongés*).

Je remercie, moi qui suis un vieux Conseiller Municipal de Paris, mon jeune collègue arrivé à l'Hôtel de ville de longues années après moi. Je le remercie en vieux Parisien, de la pensée qu'il a eue de donner à une de nos rues le nom de rue de l'Arménie. Où la mettrez-vous? Afin de rappeler les souvenirs historiques, les relations intellectuelles, la communauté de culture et de pensée qui unit nos deux peuples, je me permets de proposer, pour la rue de l'Arménie, le quartier de la Sorbonne. (*Applaudissements prolongés.*)

———

Discours de M. Emile Pignot

Vice-président de l'Union des Jeunesses Républicaines

Messieurs,

C'est un privilège pour moi de prendre la parole ce soir dans un banquet fraternel. L'éminent Français qu'est M. Denys Cochin disait tout à l'heure que depuis vingt ans, il a dit, il a redit, il a dit encore et redit toujours. L'amour en France, Messieurs, continue toujours, et j'espere bien que tous ceux qui viendront après nous, penseront, quand il s'agira de l'Arménie, qu'ils n'auront, au cours de leur vie, jamais assez dit, jamais assez redit, car toujours ils voudront dire et redire leur amour éternel de l'Arménie. (*Applaudissements*).

Quant à moi, je voudrais vous apporter ce soir la voix de sympathie d'un grand nombre de nos concitoyens de France. Depuis plus d'une année, comme délégué permanent de la Ligue des Droits de l'Homme et du Citoyen, j'ai donné à travers le pays de nombreuses conférences; dans les plus grandes villes comme dans les plus petites bourgades, je n'ai jamais oublié, — et c'était là tout simplement mon devoir, — je n'ai jamais oublié de prononcer devant mes auditoires le nom de l'Arménie, et ce que je voudrais vous dire, Messieurs, c'est qu'à chaque fois que j'ai prononcé le nom de l'Arménie devant mes auditoires français, oui, à chaque fois, ça a été des tonnerres d'applaudissements, des salves d'acclamations dont je vous apporte ce soir un faible écho. (*Applaudissements*).

Et maintenant, une époque est passée, une époque commence.

Je relisais, il y a quelques jours, un poème admirable de votre grand poète Djivani, et j'ai relevé cette phrase :

« Que l'année nouvelle écoute la prière de Djivani,

« Que son corps, comme celui de l'année passée et de tant d'autres, ne soit pas souillé de sang,

« Que la cause de notre peuple soit résolue en paix.

C'est par ce vœu, Messieurs, que je veux finir. Puisse être exaucée la prière de Dijvani, puisse le vœu de Djivani être réalisé, puisse votre Patrie grandir en paix, dans la Paix, par la Paix, ét pour la Paix du monde.

Je suis bien sûr que la France considérerait que sa victoire n'est pas totale si une de ses conséquences n'était pas la résurrection du droit de l'Arménie. Pour notre part, nous, anciens combattants, nous considérerions que la France n'aurait pas été totalement elle-même si elle n'avait pas rendu l'Arménie totalement à elle-même. (*Applaudissements*). Oui, des jours sont proches où la douceur des foyers reviendra dans chacune de vos maisons, des jours viendront où vos familles pourront, dans la tranquillité des berceaux, songer à la vie de l'Arménie qui recommence et qui recommencera éternellement dans un rajeunissement perpétuel, des jours viendront où les yeux des vieillards se fermeront sans angoisse, chez vous; des jours viendront où vos petits-enfants naîtront, où vos petits-enfants grandiront, non plus pour faire des victimes, des guerriers, mais pour faire des citoyens dont l'humanité a besoin maintenant plus que jamais.

Et alors, une autre prophétie s'accomplira, celle que j'ai prise, mon cher ami Tchobanian, dans votre livre magnifique où vous écriviez ceci à Constantinople, en 1908 :

« Tant que la Vie durera sur la Terre,
« Tu poursuivras triomphalement ta claire et généreuse course à travers les plaines infinies du Temps ».

Vous parliez de la langue de l'Arménie. Aujourd'hui, il faut regarder dans cette prophétie l'Arménie elle-même.

Oui, l'Arménie reprendra sa course généreuse et claire à travers les plaines infinies du Temps, et la Justice sera satisfaite, à travers toute la terre. La guerre sera abolie. L'amitié des nations préparera la fraternité des peuples. La France aura repris son Alsace-Lorraine, et contribué à rendre à elle-même l'Arménie, qui, depuis des siècles, est Alsace-Lorraine de l'humanité. (*Applaudissements prolongés*).

IMP. M. FLINIKOWSKI
216, BOUL. RASPAIL
— PARIS - 14e —

www.ingramcontent.com/pod-product-compliance
Lightning Source LLC
LaVergne TN
LVHW052014160826
845678LV00003B/1047
9782329656120